40 Minutos
DE ESTUDIO BÍBLICO

PROGRAMA DE
ESTUDIO
EN 6 SEMANAS

GUERRA

ESPIRITUAL:

VENCIENDO

AL ENEMIGO

**MINISTERIOS
PRECEPTO
INTERNACIONAL**

**KAY ARTHUR
DAVID &
BJ LAWSON**

CONTENIDO

Este estudio bíblico inductivo está dirigido a grupos pequeños interesados en conocer la Biblia, pero que dispongan de poco tiempo para reunirse. Resulta ideal, por ejemplo, para grupos que se reúnan a la hora de almuerzo en el trabajo, para estudios bíblicos de hombres, para grupos de estudio de damas o para clases pequeñas de Escuela Dominical (también es muy útil para grupos que se reúnan durante períodos más largos—como por las noches o sábados por la mañana—que sólo quieran dedicar una parte de su tiempo al estudio bíblico; reservando el resto del tiempo para la oración, comunión y otras actividades).

El presente libro ha sido diseñado de tal forma que el propio grupo complete la tarea de cada lección al mismo tiempo. La discusión de las observaciones, extraídas de lo que Dios dice acerca de un tema en particular, les revelará impactantes y motivadoras verdades.

Aunque se trata de un estudio en grupo y participativo, resulta necesaria la intervención de un moderador para que dirija al grupo—alguien quien procure que la discusión se mantenga activa (la función de esta persona no es la de un conferenciante o maestro; sin embargo, al usar este libro en una clase de Escuela Dominical o en una reunión similar, el maestro deberá sentirse en libertad de dirigir el estudio de forma más abierta; brindando observaciones complementarias, además de las incluidas en la lección semanal).

Si eres el moderador del grupo, a continuación encontrarás algunas recomendaciones que te ayudarán a hacer más fácil tu trabajo:

- Antes de dirigir al grupo, revisa toda la lección y marca el texto. Esto te familiarizará con su contenido y te capacitará para ayudarles con mayor facilidad. La dirección del grupo te será más cómoda si tú mismo sigues las instrucciones de cómo marcar y si escoges un color específico para cada símbolo que marques.

- Al dirigir el grupo comienza por el inicio del texto leyéndolo en voz alta según el orden que aparece en la lección; incluye además los "cuadros de aclaración" que podrían aparecer después de las instrucciones y a mitad de las observaciones o de la discusión. Motívales a trabajar juntos la lección, observando y discutiendo todo cuanto aprendan. Y, al leer los versículos bíblicos, pide que el grupo diga en voz alta la palabra que estén marcando en el texto.

- Las preguntas de discusión sirven para ayudarte a cubrir toda la lección. A medida que la clase participe en la discusión, te irás dando cuenta que ellos responderán las preguntas por sí mismos. Ten presente que las preguntas de discusión son para guiar al grupo en el tema, y no para suprimir la discusión.

- Recuerda lo importante que resulta para la gente el expresar sus respuestas y descubrimientos; pues esto fortalecerá grandemente su entendimiento personal de la lección semanal. Por lo tanto, ¡asegúrate que todos tengan oportunidad de contribuir en la discusión semanal!

- Procura mantener la discusión activa, aunque esto pudiera significarles pasar más tiempo en algunas partes del estudio que en otras. De ser necesario, siéntete en libertad de desarrollar una lección en más de una sesión; sin embargo, recuerda evitar avanzar a un ritmo muy lento, puesto que es mejor que cada uno sienta "que desea más"- a que se retiren por falta de interés.

- Si las respuestas del grupo no te parecen adecuadas, puedes recordarles cortésmente que deben mantenerse enfocados en la verdad de las Escrituras; su meta es aprender lo que la Biblia dice, y no el adaptarse a filosofías humanas. Sujétense únicamente a las Escrituras, y permitan que Dios sea quien les hable ¡Su Palabra es verdad! (Juan 17:17).

GUERRA ESPIRITUAL: VENCIENDO AL ENEMIGO

L a primera regla para la batalla es ésta: ¡conoce a tu enemigo! Un conocimiento completo de la fuerza del oponente, su probable línea de ataque y sus tácticas son vitales para obtener la victoria. Así que… ¿cuán completo y preciso es tu entendimiento de tu enemigo, el diablo? De hecho… ¿sabías que tienes un enemigo?

La Biblia muestra claramente que cada uno de nosotros vive en medio de una guerra espiritual (sea que nos demos cuenta o no de ello). Y aun así, muchos – incluyendo creyentes – cometen el grave error de ignorar al enemigo considerándolo como un inofensivo personaje de dibujos animados con cuernos y cola. Otros, se preocupan demasiado por el enemigo, enfocándose temerosamente en su poder en lugar de vivir en la confiable realidad del supremo poder de Dios. Como descubrirás en las siguientes semanas, ninguno de estos dos extremos refleja la perspectiva necesaria a fin de estar listos para batallar y salir victoriosos día a día.

Resulta imperativo que tengamos información precisa con respecto a nuestro enemigo, quien está muy empeñado en destruir nuestra habilidad de servir efectivamente a Dios. Durante las próximas seis semanas, indagarás en la Palabra de Dios para descubrir por ti mismo la verdad acerca del diablo. ¡Y conocer esa verdad te permitirá estar firme cuando te encuentres con el enemigo!

¿Quién es el diablo? ¿Qué sabes de él y dónde obtuviste esa información? ¿De películas? ¿Libros? ¿Videojuegos? Como seguidor de Cristo, es muy importante que sepas exactamente quién es el diablo – porque sus propósitos te involucran a ti de manera personal. La Biblia tiene mucho que decirnos acerca de él, y esta semana comenzaremos a descubrir esas verdades por nosotros mismos.

OBSERVA

Comenzaremos nuestro estudio en Génesis capítulo 3. Y deberás tener presente que la Biblia es una revelación progresiva de la verdad. En otras palabras, que Dios revela la verdad poco a poco, edificando sobre lo que ya había revelado anteriormente. Por lo tanto, en esta primera lección no aprenderemos todo lo que hay que conocer sobre el diablo; pero para el final del curso, de seguro serás capaz de reconocerlo a él y sus tácticas.

Líder: Lee Génesis 3:1-7 en voz alta.

- *Pide a tu grupo que diga en voz alta y marque cada mención de la serpiente, incluyendo sus pronombres, con un tridente como éste:* ᛈ

Genesis 3:1-7

¹ La serpiente era más astuta que cualquiera de los animales del campo que el Señor Dios había hecho. Y dijo a la mujer: "¿Conque Dios les ha dicho: 'No comerán de ningún árbol del huerto'?"

² La mujer respondió a la serpiente: "Del fruto de los árboles del huerto podemos comer;

³ pero del fruto del árbol que está en medio del huerto, Dios ha

dicho: 'No comerán de él, ni lo tocarán, para que no mueran.'"

4 Y la serpiente dijo a la mujer: "Ciertamente no morirán.

5 Pues Dios sabe que el día que de él coman, se les abrirán los ojos y ustedes serán como Dios, conociendo el bien y el mal."

6 Cuando la mujer vio que el árbol era bueno para comer, y que era agradable a los ojos, y que el árbol era deseable para alcanzar sabiduría, tomó de su fruto y comió. También dio a su marido que estaba con ella, y él comió.

Al leer el texto, es de mucha ayuda que el grupo diga las palabras clave en voz alta conforme las vayan marcando. De esta manera todos estarán seguros de que están marcando cada aparición de esa palabra, incluyendo las palabras o frases sinónimas.

Haz esto a lo largo de todo el estudio.

DISCUTE

• Observa donde marcaste las referencias a la serpiente. ¿Qué aprendiste acerca de la serpiente, su carácter y sus tácticas?

•Discute cómo respondió la mujer a la serpiente y la acción que ejecutó.

•¿Qué sucedió como resultado de sus acciones?

⁷ Entonces fueron abiertos los ojos de ambos, y conocieron que estaban desnudos; y cosieron hojas de higuera y se hicieron delantales.

OBSERVA

Eva comió del fruto y lo compartió con su marido. Sus ojos fueron abiertos, tal como la serpiente lo había prometido. Pero la historia no termina allí.

Líder: Lee Génesis 3:8-13 en voz alta. Pide al grupo que diga en voz alta y marque...

- *cada mención del **SEÑOR Dios**, incluyendo los pronombres, con un triángulo:* △
- *cada referencia a **la serpiente**, incluyendo los pronombres, con un tridente.*

DISCUTE

•¿Qué aprendiste acerca de Dios en este pasaje?

Genesis 3:8-13

⁸ Y oyeron al SEÑOR Dios que se paseaba en el huerto al fresco del día. Entonces el hombre y su mujer se escondieron de la presencia del SEÑOR Dios entre los árboles del huerto.

⁹ Pero el Señor Dios llamó al hombre y le dijo: "¿Dónde estás?"

¹⁰ Y él respondió: "Te oí en el huerto, tuve

miedo porque estaba desnudo, y me escondí."

•¿Cómo respondieron Adán y Eva a Dios, tanto en su comportamiento como en la conversación?

[11] "¿Quién te ha hecho saber que estabas desnudo?" le preguntó Dios. "¿Has comido del árbol del cual Yo te mandé que no comieras?"

[12] El hombre respondió: "La mujer que Tú me diste por compañera me dio del árbol, y yo comí."

•¿Qué aprendiste acerca de la serpiente y sus tácticas?

[13] Entonces el SEÑOR Dios dijo a la mujer: "¿Qué es esto que has hecho?" "La serpiente me engañó, y yo comí," respondió la mujer.

OBSERVA

Dios cuestionó al hombre y la mujer. Luego, dirigió Su atención al cuarto participante de estos eventos.

Líder: Lee Génesis 3:14-15 en voz alta. Pide al grupo que diga y marque...

- *cada mención del SEÑOR Dios, incluyendo los pronombres, con un triángulo.*
- *Cada referencia a la serpiente, incluyendo los pronombres, con un tridente.*

DISCUTE

- ¿A quién estaba hablando Dios en estos versículos, y qué dijo?

- ¿Qué aprendiste acerca de la serpiente y su futuro?

- ¿Qué aprendiste acerca de su continua relación con la humanidad?

Genesis 3:14-15

¹⁴ Y el Señor Dios dijo a la serpiente: "Por cuanto has hecho esto, Maldita serás más que todos los animales, Y más que todas las bestias del campo. Sobre tu vientre andarás, Y polvo comerás Todos los días de tu vida.

¹⁵ Pondré enemistad Entre tú y la mujer, Y entre tu simiente y su simiente; él te herirá en la cabeza, Y tú lo herirás en el talón."

Apocalipsis 12:7-10

⁷ Entonces hubo guerra en el cielo: Miguel y sus ángeles combatieron contra el dragón. Y el dragón y sus ángeles lucharon,

⁸ pero no pudieron vencer, ni se halló ya lugar para ellos en el cielo.

⁹ Y fue arrojado el gran dragón, la serpiente antigua que se llama Diablo y Satanás, el cual engaña al mundo entero. Fue arrojado a la tierra y sus ángeles fueron arrojados con él.

¹⁰ Entonces oí una gran voz en el cielo, que decía:
"Ahora ha venido la salvación, el poder y el

OBSERVA

Ahora vayamos al último libro de la Biblia, donde conoceremos la identidad de la serpiente. Apocalipsis 12:7-10 nos describe una guerra en el cielo. Sin embargo, nuestro enfoque de hoy no será dicha guerra sino aprender más acerca de la serpiente; quien desempeña un importante papel en esa guerra.

Líder: Lee en voz alta Apocalipsis 12:7-10.
- *Pide al grupo que diga en voz alta y marque con un tridente cada referencia al dragón, incluyendo los pronombres y sinónimos. Observa cuidadosamente para asegurarte de marcar todos los nombres con los cuales se le llama al dragón.*

DISCUTE
- ¿Qué aprendiste de la serpiente?

- ¿Cómo se describe a la serpiente? ¿Con qué nombre(s) se la llama?

- ¿Cómo se compara esto con lo que viste en Génesis 3?

reino de nuestro Dios y la autoridad de Su Cristo (el Mesías), porque el acusador de nuestros hermanos, el que los acusa delante de nuestro Dios día y noche, ha sido arrojado.

- ¿Cuáles son las tácticas de la serpiente, según los versículos 9 y 10?

- Si los dos pasajes que has visto hasta ahora (Génesis 3:14-15 y Apocalipsis 12:7-10) fueran tus únicas fuentes de información acerca del enemigo, ¿qué podrías aprender en ellos que pudiera aplicarse a tu propia vida?

OBSERVA

Hemos alcanzado ya un vital conocimiento acerca del enemigo y de sus intenciones, pero la Biblia también nos provee mucha información adicional acerca de cómo trabaja. Para traer más luz sobre este tema a Sus discípulos, Jesús relató la parábola del sembrador que plantó trigo en su campo. En la parábola, por la noche un enemigo vino y sembró cizaña en el mismo suelo. Como resultado, el trigo y la cizaña (malas hierbas) crecieron juntos. Sin embargo, el sembrador dejó que la cizaña creciera hasta la cosecha, sabiendo que si sacaba la cizaña corría el riesgo de destruir el trigo. Al oír esta parábola, los discípulos pidieron una explicación y esto es lo que dijo Jesús.

Mateo 13:37-39

Líder: Lee Mateo 13:37-39 en voz alta.

* *Pide al grupo que marque cada referencia al **enemigo**, incluyendo sus sinónimos, con un tridente.*

³⁷ Jesús les respondió: "El que siembra la buena semilla es el Hijo del Hombre,

³⁸ y el campo es el mundo; la buena semilla son los hijos del reino, y la cizaña son los hijos del maligno;

DISCUTE

•¿Cómo se describe al enemigo?

•¿Qué ha hecho el enemigo

[39] el enemigo que la sembró es el diablo, la siega es el fin del mundo, y los segadores son los ángeles.

ACLARACIÓN

Los términos *Satanás* y *el diablo* se refieren a un solo personaje – a nuestro enemigo. La palabra *Satanás* se encuentra cincuenta y cuatro veces en el Antiguo y Nuevo Testamento, mientras que *diablo* es utilizado treinta y cinco veces y aparece solamente en el Nuevo Testamento.

Diablo significa "acusador, calumniador" *Satanás* significa "adversario, el enemigo".

Juan 8:44

Ustedes son de su padre el diablo y quieren hacer los deseos de su padre. El fue un asesino desde el principio, y no se ha mantenido en la verdad porque no hay verdad en él. Cuando habla mentira, habla de su propia naturaleza, porque es mentiroso y el padre de la mentira.

OBSERVA

En el siguiente pasaje encontramos a Jesús hablando a un grupo de líderes religiosos que se rehusaban a escuchar la verdad.

Líder: Lee en voz alta Juan 8:44.

- *Pide al grupo que marque cada referencia al **diablo**, incluyendo sus pronombres, con un tridente.*

DISCUTE

- ¿Qué aprendiste acerca del diablo? ¿Qué palabras resumen su naturaleza?

FINALIZANDO

¿Quién es el diablo? Hasta el momento hemos aprendido que él era la serpiente que estaba en el jardín con Eva en Génesis. También es el gran dragón que un día será arrojado, según Apocalipsis 12. El diablo además es conocido como Satanás y el padre de la mentira.

Pero la verdad más importante que descubrimos esta semana es que ¡él es nuestro enemigo! Desde el comienzo se ha puesto en contra de Dios y de todos quienes Lo sirven – y continuará esa lucha hasta el final.

El diablo es descrito en Génesis como "más astuto que todos los animales del campo que el SEÑOR Dios había creado" (3:1). Él cuestionó la Palabra de Dios, sembró duda sobre el carácter de Dios, y engañó a Eva para que comiera del árbol que Dios había dicho que no comieran. El diablo es homicida desde el comienzo, y no hay ninguna verdad en él.

Nosotros no podemos ignorar al enemigo ni pretender que no existe; pero tampoco debemos vivir temiéndole a él. Dios ya nos ha equipado con todo lo que necesitamos para defendernos de los ataques de nuestro enemigo. Por lo tanto, determínate hoy mismo a culminar estas seis semanas de este estudio para así poder reconocer a tu enemigo y sus tácticas.

La semana pasada aprendimos que tenemos un enemigo que activamente busca nuestra destrucción. ¿Pero cómo opera? ¿Qué necesitamos saber acerca de este enemigo para vencerlo y no ser sorprendidos con la guardia baja? Estas preguntas serán respondidas en la lección de esta semana.

OBSERVA

El diablo es un enemigo peligroso. ¿Qué necesitan saber los cristianos para poder vencerlo?

Líder: Lee 1 Pedro 5:8 en voz alta.

- *Pide al grupo que diga en voz alta y marque cada referencia al **diablo** con un tridente:* ⚦

DISCUTE

•¿Cómo se describe al diablo?

•¿Qué hace, y con qué propósito?

1 Pedro 5:8

Sean de espíritu sobrio, estén alerta. Su adversario, el diablo, anda al acecho como león rugiente, buscando a quien devorar.

2 Corintios 2:10–11

10 Pero a quien perdonen algo, yo también lo perdono. Porque en verdad, lo que yo he perdonado, si algo he perdonado, lo hice por ustedes en presencia de Cristo (el Mesías),

11 para que Satanás no tome ventaja sobre nosotros, pues no ignoramos sus planes.

Efesios 6:11

Revístanse con toda la armadura de Dios para que puedan estar firmes contra las insidias del diablo.

OBSERVA

En la iglesia primitiva de Corinto, los creyentes no estaban dispuestos a recibir nuevamente a un hombre que había confesado su pecado y que había mostrado una genuina evidencia de arrepentimiento. Los dos siguientes versículos de 2 Corintios nos revelan la respuesta del apóstol Pablo a esa situación (en nuestro estudio, más adelante veremos el contexto de Efesios 6:11).

Líder: Leer 2 Corintios 2:10-11 y Efesios 6:11 en voz alta. Pide al grupo que diga en voz alta y...

- *marque cada referencia a Satanás o al diablo, incluyendo sus pronombres, con un tridente.*
- *Dibuja un rectángulo alrededor de la palabra insidias.*

DISCUTE

•¿Qué aprendiste de Satanás y sus insidias en estos versículos?

OBSERVA

Jesús nos dio un claro ejemplo de lo que significa estar consciente y preparado frente a las insidias del diablo.

Líder: Lee Mateo 4:1-4 en voz alta. Pide al grupo que haga lo siguiente:
- *Marque cada referencia a **Jesús**, incluyendo sus pronombres, con una cruz:* ┬
- *Marque cada referencia al **diablo** o al **tentador** con un tridente.*
- *Subraye la frase **escrito está**.*

DISCUTE

- ¿Qué aprendiste de Jesús en estos versículos?

- ¿Qué aprendiste acerca del diablo y sus tácticas?

Mateo 4:1-4

1 Entonces Jesús fue llevado por el Espíritu (Santo) al desierto para ser tentado (puesto a prueba) por el diablo.

2 Después de haber ayunado cuarenta días y cuarenta noches, entonces tuvo hambre.

3 Y acercándose el tentador, Le dijo: "Si eres Hijo de Dios, ordena que estas piedras se conviertan en pan."

4 Pero Jesús le respondió: "Escrito está: 'No solo de pan vivirá el hombre, sino de toda palabra que sale de la boca de Dios.'"

• ¿Qué estaba tratando el diablo de persuadir a Jesús que hiciera?

• ¿Cómo respondió Jesús a la tentación del diablo?

Mateo 4:5-7

⁵ Entonces el diablo Lo llevó a la ciudad santa, y Lo puso sobre el pináculo del templo,

⁶ y Le dijo: "Si eres Hijo de Dios, lánzate abajo, pues escrito está: 'A Sus ángeles Te encomendará,'

OBSERVA

El primer esfuerzo del diablo por tentar a Jesús fracasó, pero eso no le impidió intentarlo de nuevo.

Líder: *Lee en voz alta Mateo 4:5-7. Pide al grupo que haga lo siguiente:*

• *Marcar cada referencia al **diablo**, incluyendo sus pronombres, con un tridente.*
• *Marcar cada referencia a **Jesús**, incluyendo sus pronombres, con una cruz.*
• *Subrayar la frase **escrito está.***

DISCUTE

- ¿Qué aprendiste acerca de Satanás y de sus tácticas en este pasaje?

- ¿Qué sutil diferencia notaste en las tácticas del diablo en esta segunda tentación? (Pista: observa donde subrayaste ***escrito está***.)

- ¿Por qué el diablo llevó a Jesús al pináculo del templo?

- ¿Cómo respondió Jesús a esa tentación?

Y: 'En las manos Te llevarán, no sea que Tu pie tropiece en piedra.'"

[7] Jesús le contestó: "También está escrito: 'No tentarás (No pondrás a prueba) al Señor tu Dios.'"

Mateo 4:8-11

⁸ Otra vez el diablo Lo llevó a un monte muy alto, y Le mostró todos los reinos del mundo y la gloria de ellos,

⁹ y Le dijo: "Todo esto Te daré, si Te postras y me adoras."

¹⁰ Entonces Jesús le dijo: "¡Vete, Satanás! Porque escrito está: 'Al Señor tu Dios adorarás, y solo a El servirás (rendirás culto).'"

¹¹ El diablo entonces Lo dejó; y al instante, unos ángeles vinieron y Le servían.

OBSERVA

Consideremos el tercer y último intento del diablo de tentar a Jesús en el desierto.

Líder: Lee Mateo 4:8-11 en voz alta. Pide al grupo que haga lo siguiente:
- *Marcar cada referencia al **diablo**, incluyendo sus pronombres, con un tridente.*
- *Marcar cada referencia a **Jesús**, incluyendo sus pronombres, con una cruz:* ┬
- *Subrayar la frase **escrito está**.*

DISCUTE

- ¿Qué aprendiste de estos versículos acerca del diablo y sus tácticas?

- Una vez más, ¿cómo respondió Jesús?

- Si Jesús hubiese caído en esta tentación en particular, ¿cómo habría afectado eso al plan de Dios de salvación?

- Como vimos al principio de la lección, debemos estar alertas porque nuestro adversario el diablo está buscando a quién devorar (1 Pedro 5:8). Discute lo que has aprendido hasta ahora acerca de las tácticas y ardides del diablo.

- ¿Alguna vez has sido tentado en alguna de las áreas de la vida en que Satanás tentó a Jesús? ¿Cómo lo manejaste?

- Al ser tentado por el diablo, Jesús fue un gran ejemplo para nosotros. ¿Cómo podemos aplicar en nuestras propias vidas lo que hemos aprendido de Él?

- ¿Cuál es el arma más poderosa que tienes contra tu adversario?

- ¿Será suficiente simplemente con saber las tácticas del enemigo? ¿Qué más necesitas saber? Explica tu respuesta.

FINALIZANDO

¿Notaste cómo las tentaciones del diablo a Jesús en el desierto fueron muy similares a sus tácticas con Eva en el jardín?

En cada caso, Satanás alteró las palabras de Dios, torciéndolas en un esfuerzo por confundir y engañar. En cada situación, apeló también al apetito físico, ganancia personal y deseo de poder. Hoy en día Satanás, el príncipe de este mundo, a menudo tienta a la gente en estas mismas tres categorías. Es por esto que necesitamos tener en mente esta realidad:

> Porque todo lo que hay en el mundo, la pasión de la carne, la pasión de los ojos y la arrogancia de la vida, no proviene del Padre, sino del mundo. Y el mundo pasa, y también sus pasiones, pero el que hace la voluntad de Dios permanece para siempre (1 Juan 2:16-17)

¡Debemos estar alerta! Nuestro enemigo, el diablo, está buscando devorarnos. Él es sutil, calculador y hábil en el arte de la tentación. La palabra *insidias*, la cual vimos en conexión con sus tácticas, conlleva la idea de inteligencia, métodos inventivos, astucia y engaño. Es por eso que debemos estar alerta y no ser sorprendidos con la guardia baja. Pídele a Dios que mantenga afinados tus sentidos espirituales y tus ojos bien abiertos a los ardides del diablo.

Padre, por favor mantennos alerta ante las tácticas del enemigo para que no seamos tomados por sorpresa. Enséñanos a mantenernos firmes en Tu verdad en nuestras vidas y a interceder en oración al ver a Satanás atacando a otros.

Las guerras usualmente involucran naciones, reinados o algún tipo de entidades políticas que se pelean por el control de la gente y del territorio. Pero la Escritura describe una continua batalla celestial o espiritual. Nos dice que hay dos reinos que están en guerra, y tú, mi amigo, perteneces a uno de ellos. Pero… ¿de qué lado estás?

OBSERVA

En Hechos 26 encontramos al apóstol Pablo describiendo su encuentro camino a Damasco que lo llevó a creer en Jesús como el Mesías. Veamos los versículos donde nos relata las palabras que Jesús le habló.

Líder: Lee en voz alta Hechos 26:16-18. Pide al grupo que diga en voz alta y…
- *dibuje un rectángulo alrededor de la palabra* **dominio**: ☐
- *marque la referencia a* **Satanás** *con un tridente* ♆

DISCUTE
- ¿Qué dominios se mencionan en estos versículos?

Hechos 26:16-18

16 Pero levántate y ponte en pie; porque te he aparecido con el fin de designarte como ministro y testigo, no sólo de las cosas que has visto, sino también de aquéllas en que Me apareceré a ti.

17 Te rescataré del pueblo Judío y de los Gentiles, a los cuales Yo te envío,

18 para que les abras sus ojos a fin de que se conviertan de las tinieblas a la luz, y del

dominio de Satanás a Dios, para que reciban, por la fe en Mí, el perdón de pecados y herencia entre los que han sido santificados.'

* ¿Qué aprendiste de cada uno?

* ¿Cómo se cambia una persona del dominio de Satanás al de Dios?

* ¿Qué reciben los que se vuelven a Dios?

OBSERVA

Colosenses es una carta del apóstol Pablo dirigida a la iglesia en Colosas. En el capítulo 1 él describe lo que Dios hizo por nosotros cuando llegamos a la fe en Cristo.

Colosenses 1:13-14

¹³ Porque El nos libró del dominio (de la autoridad) de las tinieblas y nos trasladó al reino de Su Hijo amado,

¹⁴ en quien tenemos redención: el perdón de los pecados.

Líder: Lee Colosenses 1:13-14 en voz alta.
Pide al grupo que diga en voz alta y...
* *marque todos los pronombres que se refieren a* **Dios** *con un triángulo:* △
* *dibuje un rectángulo alrededor de las palabras* **dominio y reino**.

DISCUTE
* ¿Qué hizo Dios?

- ¿Cuáles son las características de los dos dominios, o reinos, descritos en el versículo 13?

OBSERVA

Efesios 2:1-3 detalla la condición espiritual del creyente antes de ser transformado por Dios hacia el reino de Su amado Hijo.

Líder: Lee Efesios 2:1-3 en voz alta. Pide al grupo que haga lo siguiente:
  - *encierre en un círculo todos los pronombres personales:* **ustedes, sus, nosotros** *y* **nuestra**.
  - *Marque la palabra* **príncipe** *con un tridente.*
  - *Subraye las frases* **según la, conforme al** *y* **opera en**.

DISCUTE

- ¿Qué aprendiste al marcar todos los pronombres personales?

Efesios 2:1-3

¹ Y El les dio vida a ustedes, que estaban muertos en (a causa de) sus delitos y pecados,

² en los cuales anduvieron en otro tiempo según la corriente (la época) de este mundo, conforme al príncipe de la potestad del aire, el espíritu que ahora opera en los hijos de desobediencia.

³ Entre ellos también todos nosotros en otro tiempo vivíamos en las pasiones de nuestra carne, satisfaciendo los deseos de la carne

y de la mente (de los pensamientos), y éramos por naturaleza hijos de ira, lo mismo que los demás.

- ¿Quién piensas que es el príncipe mencionado en el versículo 2? Explica tu respuesta.

- ¿Cómo se lo describe?

- ¿Dónde opera?

- ¿Cuál era nuestra relación con él antes de cambiarnos al reino de Dios?

Efesios 6:11-12

[11] Revístanse con toda la armadura de Dios para que puedan estar firmes contra las insidias del diablo.

[12] Porque nuestra lucha no es contra

OBSERVA

Como miembros del reino de Dios, estamos en guerra con un enemigo invisible pero muy traicionero.

Líder: *Lee Efesios 6:11-12 en voz alta. Pide al grupo que...*
- *marque la palabra **diablo** con un tridente.*
- *Dibuje una línea ondulada como ésta* 〰 *bajo la palabra **lucha**.*

DISCUTE

- ¿Qué aprendiste acerca del diablo?

- ¿Contra quién es nuestra lucha espiritual?

- ¿Dónde tiene lugar esta lucha? Explica tu respuesta.

- ¿Qué evidencia has visto de las insidias del diablo en contra de los creyentes?

sangre y carne, sino contra principados, contra potestades, contra los poderes (gobernantes) de este mundo de tinieblas, contra las fuerzas espirituales de maldad en las regiones celestes.

1 Juan 3:7-10

⁷ Hijos míos, que nadie los engañe. El que practica la justicia es justo, así como El es justo.

⁸ El que practica el pecado es del diablo, porque el diablo ha pecado desde el principio. El Hijo de Dios se manifestó con este propósito: para destruir las obras del diablo.

⁹ Ninguno que es nacido (engendrado) de Dios practica el pecado, porque la simiente de Dios permanece en él. No puede pecar, porque es nacido de Dios.

¹⁰ En esto se reconocen los hijos de

OBSERVA

En la iglesia primitiva, un grupo de falsos maestros enseñó que el conocimiento – lo que una persona creía – era todo lo que importaba; así que la manera en que una persona vivía realmente no era importante. Para contrarrestar esta mentira, el apóstol Juan enseñó a sus discípulos que la manera en que vivimos manifiesta quién es nuestro padre.

Líder: Lee 1 Juan 3:7-10 en voz alta. Pide al grupo que diga en voz alta y...

- *marque cada referencia al **diablo** con un tridente.*
- *Dibuje un rectángulo alrededor de la palabra **practica** y la frase **no practica**.*

DISCUTE

- ¿Cuáles son las características de los hijos de Dios? ¿Cuál es su práctica, su estilo de vida?

- En contraste, ¿cuáles son las características distintivas de los hijos del diablo?

Los tiempos de los verbos en 1 Juan 3 nos ayudan a clarificar las distinciones entre los hijos de Dios y los hijos del diablo. En este pasaje, la palabra griega traducida como *practica* es un verbo en tiempo presente, implicando una acción habitual o continua – un patrón de conducta o estilo de vida.

Dios y los hijos del diablo: todo aquél que no practica la justicia, no es de Dios; tampoco aquél que no ama a su hermano.

- Según el versículo 8, ¿cuál fue el propósito para el cual Jesús, el Hijo de Dios, vino?

- ¿Qué te dice esto acerca de nuestra guerra espiritual?

Hebreos 2:14-15

¹⁴ Así que, por cuanto los hijos participan de carne y sangre, también Jesús participó de lo mismo, para anular mediante la muerte el poder de aquél que tenía el poder de la muerte, es decir, el diablo,

¹⁵ y librar a los que por el temor a la muerte, estaban sujetos a esclavitud durante toda la vida.

OBSERVA

Como hemos visto, antes que Dios nos rescatara éramos cautivos del dominio de la oscuridad. Ahora, consideremos cómo ha cambiado nuestra situación como resultado de ese rescate.

Líder: Lee Hebreos 2:14-15 en voz alta.
Pide al grupo que diga en voz alta y marque...
* ***Jesús***, *con una cruz:* ┼
* *cada referencia al **diablo**, incluyendo sus pronombres, con un tridente.*

DISCUTE

* ¿Qué hizo Jesús y cómo lo hizo?

* ¿Las acciones de Jesús, qué efecto tuvieron en el poder del diablo?

* Para que no lo perdamos de vista, Romanos 6:23 nos dice: "La paga del pecado es la muerte". Ahora detente y piensa por un momento. El pecado es lo que le da al diablo el poder de la muerte. Por lo tanto, ¿cómo quitó Jesús ese poder?

OBSERVA

Veamos un versículo más que describe cómo nos libera el cambiarnos al reino de Dios.

Líder: Lee 1 Juan 5:19 en voz alta. Pide al grupo que...

- *Marque el **maligno** con un tridente.*
- *Encierre en un círculo la palabra nosotros que en este versículo se refiere a los **creyentes**.*

> ### 1 Juan 5:19
>
> Sabemos que somos de Dios, y que el mundo entero está bajo el poder del maligno.

DISCUTE

- ¿Quién está bajo el poder del maligno?

- Basándote en todo lo que has aprendido en esta lección, ¿en qué reino estás?

- ¿Estás bajo el poder del maligno?

- ¿Cómo lo sabes?

FINALIZANDO

Esta semana aprendimos que hay dos reinos que están en continua guerra: el reino del diablo y el reino de Dios. Uno es el reino de la oscuridad mientras que el otro es un reino de luz. Si eres creyente, ya has sido rescatado por Dios del reino de la oscuridad y has sido transferido al reino de Su amado Hijo. Antes estuviste gobernado por el que ha pecado desde el principio. Pero ahora eres gobernado por Aquel que ofrece el perdón del pecado.

Los incrédulos viven en la carne – en el reino de la oscuridad – y son gobernados por el diablo. Por lo tanto, el pecado es su práctica habitual, su modo de vida. Pero los creyentes ya no somos esclavos del pecado ni de Satanás. Los creyentes tenemos el perdón de los pecados a través de la sangre de Jesucristo, lo cual significa que ha sido roto el control del diablo sobre nosotros. En libertad, ahora servimos a nuevo rey, y nuestro hábito de vida será caminar en justicia (1 Juan 3:7-10).

Aunque Jesús vino a destruir las obras del enemigo, Él no aniquiló a Satanás. El enemigo ciertamente está sano y salvo hoy en día. Sin embargo, Jesús le ha quitado su poder de sobre nosotros al haber hecho el pago por nuestros pecados. Y aunque Satanás es poderoso, no es rival para el Dios Todopoderoso. ¡Satanás es un enemigo vencido! Puede que él gane una batalla de vez en cuando, pero ya ha perdido la guerra; como está escrito en el libro de Dios (Apocalipsis 20:10).

Por lo tanto… ¡No te dejes engañar! En nuestra vida es muy obvio a qué reino pertenecemos. Examínate para que estés seguro en qué reino estás sirviendo.

Padre, ¿podrías permitirnos examinar honestamente nuestras vidas? Por favor, muéstranos claramente a qué reino pertenecemos.

En las tres lecciones anteriores, has visto que tienes un enemigo. ¡Estamos en guerra! ¿Alguna vez te has preguntado si Satanás es libre de llevar a cabo sus planes y atacar a cualquiera, donde sea y cuando él quiera? ¿Tiene Dios alguna influencia sobre los ardides del diablo? ¿Sabe Dios lo que está sucediendo? ¿Tienen igual poder Satanás y Dios?

Esta semana encontraremos las respuestas a estas preguntas y más.

OBSERVA

La historia de Job nos da luz sobre la estrategia de Satanás y el alcance de su poder. Pero antes de aprender más de nuestro enemigo, observemos primero a Job el hombre.

Líder: Lee Job 1:1-5 en voz alta.
* *Pide al grupo que diga en voz alta y marque cada referencia a **Job**, incluyendo sus sinónimos y pronombres, con una **J**.*

DISCUTE

* ¿Cómo se describe el carácter de Job en el versículo 1?

Job 1:1-5

¹ Hubo un hombre en la tierra de Uz llamado Job. Aquel hombre era intachable (íntegro), recto, temeroso de Dios y apartado del mal.

² Le nacieron siete hijos y tres hijas.

³ Su hacienda era de 7,000 ovejas, 3,000 camellos, 500 yuntas de bueyes, 500 asnas y muchísima servidumbre. Aquel hombre era el

más grande de todos los hijos del oriente.

⁴ Sus hijos acostumbraban ir y hacer un banquete en la casa de cada uno por turno, e invitaban a sus tres hermanas para comer y beber con ellos.

⁵ Cuando los días del banquete habían pasado, Job enviaba a buscarlos y los santificaba, y levantándose temprano, ofrecía holocaustos conforme al número de todos ellos. Porque Job decía: "Quizá mis hijos hayan pecado y maldecido a Dios en sus corazones." Job siempre hacía así.

- ¿Qué aprendiste acerca de Job como persona en este pasaje?

- ¿Cuál era su relación con Dios? ¿Su estatus en su comunidad?

OBSERVA

Ahora que hemos conocido a Job, el autor de este libro de la Biblia nos introduce al tema del adversario. Veamos lo que el libro de Job nos puede mostrar acerca del carácter de Satanás, su trabajo, sus limitaciones y su relación con Dios.

Líder: Lee Job 1:6-12 en voz alta. Pide al grupo que diga en voz alta y marque...

- *cada referencia al Señor, incluyendo sus pronombres, con un triángulo:*
- *cada referencia a Satanás, incluyendo sus pronombres, con un tridente*

DISCUTE

- ¿Qué aprendiste acerca de Satanás en este pasaje?

- ¿Qué implica el hecho de que Satanás *recorre la tierra* y anda por ella en cuanto a su relación con el hombre?

Job 1:6-12

⁶ Un día, cuando los hijos de Dios vinieron a presentarse delante del Señor, Satanás (el adversario) vino también entre ellos.

⁷ Y el Señor preguntó a Satanás: "¿De dónde vienes?" Entonces Satanás respondió al Señor: "De recorrer la tierra y de andar por ella."

⁸ Y el Señor dijo a Satanás: "¿Te has fijado en Mi siervo Job? Porque no hay ninguno como él sobre la tierra; es un hombre intachable (íntegro) y recto, temeroso de Dios y apartado del mal."

⁹ Satanás respondió al Señor: "¿Acaso teme Job a Dios de balde?

- ¿Acerca de qué Dios llamó la atención de Satanás?

¹⁰ ¿No has hecho Tú una valla alrededor de él, de su casa y de todo lo que tiene, por todos lados? Has bendecido el trabajo de sus manos y sus posesiones han aumentado en la tierra.

- ¿Qué dijo Dios acerca de Job? ¿Cómo se relaciona eso con lo que vimos en los versículos 1-5?

- ¿En estos versículos, qué sugirió Satanás como la motivación de Job al servir a Dios?

¹¹ Pero extiende ahora Tu mano y toca todo lo que tiene, y verás si no Te maldice en Tu misma cara."

- ¿Cómo supones que Satanás sabía que había una valla alrededor de Job?

¹² Entonces el Señor dijo a Satanás: "Todo lo que él tiene está en tu poder; pero no extiendas tu mano sobre él." Y Satanás salió de la presencia del Señor.

- ¿Qué te muestra eso acerca del poder de Dios?

- ¿Satanás podía hacer lo que quería con Job? Explica tu respuesta.

OBSERVA

Con el escenario establecido, veamos el primer ataque de Satanás a Job.

Líder: Lee Job 1:13-22 en voz alta. Pide al grupo que...

- *Marque cada referencia a **Job**, incluyendo sinónimos y pronombres, con una **J**.*
- *Numera cada uno de los ataques a la familia de Job. El primero ya lo hemos numerado para ti.*

DISCUTE

- Resume las diferentes maneras en que Satanás atacó a Job.

- ¿Qué muestran estos ataques acerca del poder de Satanás?

Job 1:13-22

¹³ Y aconteció que un día en que los hijos y las hijas de Job estaban comiendo y bebiendo en la casa del hermano mayor,

¹⁴ vino un mensajero a Job y le dijo: "Los bueyes estaban arando y las asnas paciendo junto a ellos,

①
¹⁵ y los Sabeos atacaron y se los llevaron. También mataron a los criados a filo de espada. Sólo yo escapé para contárselo a usted."

¹⁶ Mientras estaba éste hablando, vino otro y dijo: "Fuego de Dios cayó del cielo y quemó las ovejas y a los criados

y los consumió; sólo yo escapé para contárselo a usted."

[17] Mientras éste estaba hablando, vino otro y dijo: "Los Caldeos formaron tres cuadrillas, se lanzaron sobre los camellos y se los llevaron, y mataron a los criados a filo de espada. Sólo yo escapé para contárselo a usted."

[18] Mientras éste estaba hablando, vino otro y dijo: "Sus hijos y sus hijas estaban comiendo y bebiendo vino en la casa del hermano mayor,

[19] y entonces vino un gran viento del otro lado del desierto y azotó las cuatro esquinas de la casa, y ésta cayó sobre

• Según el versículo 20, ¿cómo respondió Job al ataque de Satanás?

• ¿Respondió Job como Satanás había predicho que lo haría? Explica tu respuesta.

- ¿Por qué Job, o alguien como él, sería blanco para Satanás?

los jóvenes y murieron; sólo yo escapé para contárselo a usted."

20 Entonces Job se levantó, rasgó su manto, se rasuró la cabeza, y postrándose en tierra, adoró,

21 y dijo:
"Desnudo salí del vientre de mi madre

- Discute lo que has aprendido en el capítulo 1 de Job con respecto a Dios y Satanás. ¿Estas lecciones cómo podrían aplicarse a nosotros hoy en día?

Y desnudo volveré allá.
El Señor dio y el Señor quitó;
Bendito sea el nombre del Señor."

22 En todo esto Job no pecó ni culpó a Dios.

Job 2:1-10

¹ Y sucedió que el día cuando los hijos de Dios vinieron a presentarse delante del Señor, vino también Satanás (el adversario) entre ellos para presentarse delante del Señor.

² Y el Señor preguntó a Satanás: "¿De dónde vienes?" Entonces Satanás respondió al Señor: "De recorrer la tierra y de andar por ella."

³ Y el Señor dijo a Satanás: "¿Te has fijado en Mi siervo Job? Porque no hay otro como él sobre la tierra; es un hombre intachable (íntegro), recto, temeroso de Dios y apartado del mal.

OBSERVA

A pesar de esas tragedias, Job no comprometió su fe. Se mantuvo firme. Sin embargo, Satanás aún no había terminado sus ataques.

Líder: Lee Job 2:1-10 en voz alta. Pide al grupo que diga y marque...
- *Cada referencia **al Señor**, incluyendo pronombres, con un triángulo.*
- *Cada referencia a **Satanás**, incluyendo pronombres, con un tridente.*

DISCUTE
- ¿Qué aprendiste acerca de Job en este pasaje?

- ¿Esta vez quién mencionó a Job, y cómo lo describió?

• La contienda estaba a punto de ponerse más intensa. ¿Qué permiso le pidió Satanás a Dios?

• ¿Cómo respondió la esposa de Job al nuevo desafío?

• ¿Alguna vez has soportado una presión similar proveniente de un ser querido durante una prueba? Si es así, ¿qué hiciste?

• ¿Cómo respondió Job? ¿Perdió él su integridad?

• Según lo que has visto hasta ahora, ¿cuál es la extensión de la soberanía de Dios? En otras palabras, ¿sobre qué Él tiene poder o autoridad?

El todavía conserva su integridad a pesar de que tú me incitaste contra él para que lo arruinara sin causa."

4 Satanás respondió al SEÑOR: "¡Piel por piel! Sí, todo lo que el hombre tiene dará por su vida.

5 Sin embargo, extiende ahora Tu mano y toca su hueso y su carne, verás si no Te maldice en Tu misma cara."

6 Y el SEÑOR dijo a Satanás: "El está en tu mano; pero respeta su vida."

7 Entonces Satanás salió de la presencia del SEÑOR, e hirió a Job con llagas malignas desde

la planta del pie hasta la coronilla.

⁸ Y Job tomó un pedazo de teja para rascarse mientras estaba sentado entre las cenizas.

⁹ Entonces su mujer le dijo: "¿Aún conservas tu integridad? Maldice a Dios y muérete."

¹⁰ Pero él le dijo: "Hablas como habla cualquier mujer necia. ¿Aceptaremos el bien de Dios pero no aceptaremos el mal?" En todo esto Job no pecó con sus labios.

• Si Satanás estuviera delante de Dios ahora mismo, ¿tu carácter sería de tal manera que Dios pudiera jactarse de ti ante él? Explica tu respuesta.

• Si Satanás desafiara tus motivos para servir a Dios, ¿expresaría Dios la misma confianza en ti? ¿Por qué sí o por qué no?

• Cuando el enemigo te asalte con pruebas, tentaciones y tragedias, ¿qué lecciones de la vida de Job podrías aplicar a tu vida?

FINALIZANDO

En la historia de Job hemos aprendido que Satanás recorre la tierra y que es consciente de lo que sucede donde vivimos. Él sabe quién está verdaderamente viviendo para Dios, y señala a esos individuos como una amenaza para su reino.

Pero Dios también está al tanto de lo que sucede en la tierra. Fue Dios quien trajo a Job a la atención de Satanás, resaltando sus virtudes: "es un hombre intachable y recto, temeroso de Dios y apartado del mal" (Job 1:8).

Y Satanás respondió con una queja: "¿No has hecho Tú una valla alrededor de él, de su casa y de todo lo que tiene, por todos lados? Has bendecido el trabajo de sus manos y sus posesiones han aumentado en la tierra" (Job 1:10). ¡Satanás sabía que había una valla alrededor de Job, obviamente porque no podía tocarlo sin el permiso de Dios! Cuán consolador es esto para nosotros. ¿Sabías que Dios puede poner vallas alrededor de nosotros para protegernos de los ataques de nuestro adversario?

Satanás no solamente se quejó de los límites puestos a su poder, sino que también cuestionó la evaluación que Dios hizo de Su siervo. Él acusó a Job de servir a Dios solo porque había sido bendecido grandemente. Luego, Satanás lo desafió diciendo: "Pero extiende ahora Tu mano y toca todo lo que tiene, y verás si no Te maldice en Tu misma cara" (Job 1:11).

¡Date cuenta que Satanás no se jactó de poder hacer cuanto quisiera con Job! ¿Por qué? Porque su poder está limitado por Dios. Siempre ha sido así, y siempre lo será. El enemigo no puede hacer nada sin el permiso de Dios (revisa Efesios 1:20-23; Daniel 4:34-35).

Si Job pudo soportar la gran ola de ataques de Satanás, ¡cuánto más deberíamos tú y yo hacer lo mismo! Nosotros tenemos el poder del Espíritu Santo morando en nuestro interior. Por lo tanto, cuando seas tentado por el maligno, ¡no desmayes! Determina mantenerte firme. Recuerda que "El SEÑOR ha establecido Su trono en los cielos, y Su reino domina sobre todo" (Salmos 103:19).

El objetivo principal de Satanás es conseguir que pequemos; persuadirnos a que caminemos independientemente de Dios. Su táctica primordial es atacar nuestras mentes. ¿Por qué? Porque nuestros pensamientos determinan nuestras acciones.

¿En qué piensas? ¿Cómo puedes cooperar con Jesús para ganar la batalla de tu mente? De seguro, la lección de esta semana te dará bastante en qué meditar.

OBSERVA

Veamos juntos algunos pasajes que revelan por qué la mente es el principal campo de batalla en la guerra espiritual.

Por cierto, en estos pasajes la palabra *corazón* es un sinónimo de *mente*.

Líder: Lee en voz alta Proverbios 4:23; 15:28; Isaías 26:3 y Mateo 15:18-19.

- *Pide al grupo que diga en voz alta y marque las palabras* **corazón** *y* **mente** *con un corazón:*

♡

DISCUTE

- ¿Qué aprendiste del corazón (o mente) en estos versículos?

Proverbios 4:23

Con toda diligencia guarda tu corazón, Porque de él brotan los manantiales de la vida.

Proverbios 15:28

El corazón del justo medita cómo responder, Pero la boca de los impíos habla lo malo.

Isaías 26:3

Al de firme propósito guardarás en perfecta paz, porque en Ti confía.

Mateo 15:18-19

¹⁸ Pero lo que sale de la boca proviene del corazón, y eso es lo que contamina al hombre.

¹⁹ Porque del corazón provienen malos pensamientos, homicidios, adulterios, fornicaciones, robos, falsos testimonios y calumnias.

Hechos 5:3

Pero Pedro dijo: "Ananías, ¿por qué ha llenado Satanás tu corazón para mentir al Espíritu Santo, y quedarte con parte del precio del terreno?

- ¿Cuál es la relación existente entre tu mente y el cómo hablas, piensas o actúas?

- Según Isaías 26:3, ¿cuál es la relación entre un firme propósito, la perfecta paz y la confianza? ¿Cómo podemos experimentar la paz perfecta?

- ¿Qué nos muestra Mateo 15:18-19 acerca de la conexión entre los pensamientos y las acciones? ¿Dónde están arraigadas las acciones de una persona?

OBSERVA

Veamos los siguientes versículos y cómo ataca Satanás la mente (corazón) para conseguir sus propósitos.

Líder: Lee en voz alta Hechos 5:3; 2 Corintios 11:3; y 4:3-4. Pide al grupo que...
- *Marque cada referencia a Satanás, incluyendo sinónimos, con un tridente.*
- *Dibuje un corazón sobre las palabras corazón y mentes.*

DISCUTE

- Discute cada uno de estos versículos. Nota específicamente quién está influenciando a quién y qué resulta de esa influencia.

2 Corintios 11:3

Pero temo que, así como la serpiente con su astucia engañó a Eva, las mentes de ustedes sean desviadas de la sencillez y pureza de la devoción a Cristo.

2 Corintios 4:3-4

[3] Y si todavía nuestro evangelio está velado, para los que se pierden está velado,

[4] en los cuales el dios de este mundo ha cegado el entendimiento (la mente) de los incrédulos, para que no vean el resplandor del evangelio de la gloria de Cristo, que es la imagen de Dios.

- Según lo que has leído hasta ahora, ¿por qué la mente es el blanco principal del enemigo?

2 Corintios 10:3-6

³ Pues aunque andamos en la carne, no luchamos según la carne.

⁴ Porque las armas de nuestra contienda no son carnales, sino poderosas en Dios para la destrucción de fortalezas;

⁵ destruyendo especulaciones y todo razonamiento altivo que se levanta contra el conocimiento de Dios, y poniendo todo pensamiento en cautiverio a la obediencia de Cristo,

⁶ y estando preparados para castigar toda desobediencia cuando la obediencia de ustedes sea completa.

OBSERVA

Ya que la mente es un campo de batalla clave en la guerra espiritual, ¿cómo combate un creyente los malos pensamientos? El apóstol Pablo nos dejó algunos principios para defender nuestras mentes del enemigo.

Líder: Lee 2 Corintios 10:3-6 en voz alta.
Pide al grupo que...
- *Dibuje un círculo alrededor de todas las inferencias verbales que hagan referencia a los* ***creyentes****, y a la palabra* ***nuestra***
- *Subraye la palabra* ***luchamos*** *y la frase las* ***armas de nuestra contienda****.*

DISCUTE

- ¿Qué aprendiste acerca de los creyentes en este pasaje?

- ¿Qué principios de defensa se describen en este pasaje?

- ¿Qué aprendiste del ejemplo de Pablo? ¿Qué hacía con sus pensamientos?

- El versículo 3 dice: "no luchamos según la carne." ¿Entonces cómo deben ser peleadas las batallas espirituales?

- ¿Qué tipo de pensamientos necesitan ser destruidos?

- ¿Qué estaba llevando cautivo Pablo a la obediencia de Cristo?

- Discute algunos ejemplos de malos pensamientos que podrían afectarnos.

- Cuando vienen esos pensamientos, ¿cómo deberíamos manejarlos?

- De lo que has visto hasta ahora, ¿qué podría suceder si meditamos en pensamientos falsos en lugar de enfocarnos en la verdad de Cristo?

OBSERVA

Podrías estarte preguntando, ¿cómo sabemos qué pensamientos son buenos y cuáles son malos? Y cuando viene un pensamiento, ¿cómo puedo saber si debo abrazarlo o destruirlo?

Filipenses 4:8-9

⁸ Por lo demás, hermanos, todo ① lo que es verdadero, todo lo digno, todo lo justo, todo lo puro, todo lo amable, todo lo honorable, si hay alguna virtud o algo que merece elogio, en esto mediten.

⁹ Lo que también han aprendido y recibido y oído y visto en mí, esto practiquen, y el Dios de paz estará con ustedes.

Líder: Lee Filipenses 4:8-9 en voz alta.

- *Numera cada **todo** en el texto. El primero ya está numerado para ti.*
- *Subraya la frase **en esto mediten**.*

DISCUTE

- ¿De manera específica, qué les enseñó Pablo a los filipenses a que hicieran en estos versículos?

- ¿En qué cosas debemos pensar, enfocar nuestras mentes?

- ¿Cómo se comparan estos versículos con lo que viste en 2 Corintios 10:5?

- ¿Qué haces cuando llegan a tu mente pensamientos que son contrarios a esta lista?

- Nuestros pensamientos son influenciados por una gran variedad de fuentes externas y por conversaciones, libros, películas, internet, televisión, amigos y música. ¿Cómo se relaciona el consejo de Filipenses 4:8 con estas influencias en tu vida?

FINALIZANDO

¿Qué sucede cuando no se controla un pensamiento malvado? Tal pensamiento puede llevarnos a una acción. Y si se repite lo suficiente, se convierte en un hábito. Finalmente puede convertirse en la base de opresión del enemigo – lo que algunos llaman baluarte, o que Pablo llamó fortaleza en 2 Corintios 10:4.

Estos baluartes de malos pensamientos necesitan ser derribados, destruidos. Cualquier especulación (imaginación) o pensamiento que sea contrario a Dios, a Su Palabra, y a nuestra posición en Cristo y lo que Dios dice acerca de nosotros debe ser inmediatamente destruido. No debemos permitir que estos pensamientos continúen. Pues si lo hacemos, Satanás logrará la victoria en nuestras vidas. Cualquier pensamiento que nos guíe a la desobediencia o la incredulidad no es de Dios, y debe ser manejado como tal.

Nuestra estrategia para ganar la batalla de la mente está clara en el ejemplo de Pablo: "Llevando todo pensamiento cautivo a la obediencia a Cristo" (2 Corintios 10:5). Pero no se trata de una única acción; es un proceso continuo. Momento a momento, debemos evaluar nuestros pensamientos y poner nuestras mentes bajo control.

¿Hay algo en lo que te sientas inclinado a pensar, aunque sabes que no cumple con los estándares de Filipenses 4:8? De ser así, es una fortaleza – y necesita ser destruida antes que el enemigo gane una mayor ventaja.

La próxima semana veremos otras estrategias para resistir al diablo. Por hoy, tómate algún tiempo para evaluar los pensamientos en tu vida. Y, puesto que una de las tácticas del diablo es el pensamiento erróneo, ¿en qué áreas necesitas aumentar tus defensas para derribar fortalezas?

Siendo importante el estar consciente de las tácticas de batalla del enemigo, la verdad más vital que debemos recordar es ésta: *¡nosotros ganamos!* O de manera más precisa, Cristo ya ha ganado; y nosotros podemos vivir en Su victoria. El enemigo es peligroso, pero Cristo es victorioso. En esta semana disfrutarás mucho aprendiendo más con respecto a estas verdades.

OBSERVA

En esta carta a los efesios, el apóstol Pablo dio gracias por su fe y describió cómo estaba orando por estos creyentes.

Líder: Lee Efesios 1:18-23 en voz alta.
Pide al grupo que diga en voz alta y marque...
- *Cada referencia a Jesús, incluyendo los pronombres, con una cruz:* ✝
- *Cada ocurrencia de la palabra poder con una P.*

DISCUTE

- De lo que viste en los versículos 18-19, ¿cuál era la oración de Pablo por los creyentes? ¿Por qué?

Efesios 1:18-23

¹⁸ Mi oración es que los ojos de su corazón les sean iluminados, para que sepan cuál es la esperanza de Su llamamiento, cuáles son las riquezas de la gloria de Su herencia en los santos,

¹⁹ y cuál es la extraordinaria grandeza de Su poder para con nosotros los que creemos, conforme a la eficacia (la energía) de la fuerza de Su poder.

[20] Ese poder obró en Cristo cuando Lo resucitó de entre los muertos y Lo sentó a Su diestra en los lugares celestiales,

[21] muy por encima de todo principado, autoridad, poder, dominio y de todo nombre que se nombra, no sólo en este siglo sino también en el venidero.

[22] Y todo lo sometió bajo Sus pies, y a El lo dio por cabeza sobre todas las cosas a la iglesia,

[23] la cual es Su cuerpo, la plenitud de Aquél que lo llena todo en todo.

- ¿Qué aprendiste del poder aquí mencionado, especialmente al relacionarse con Dios el Padre y Cristo?

- ¿Qué relevancia tiene este poder para nuestras vidas?

- ¿Alguna autoridad o poder, sea en el reino humano o espiritual, es más grande que Jesús? Explica tu respuesta.

- ¿Alguna cosa o ser creado es igual a Dios?

- Ya has visto que Satanás es un ser creado. Así que, ¿es él igual a Dios? Explica tu respuesta.

- En la práctica, ¿qué significa esto para los creyentes?

OBSERVA

A través de la Biblia, Dios nos instruye acerca del enemigo y cómo prepararnos para nuestros encuentros con él. En Efesios encontramos más consejos para que no nos tomen por sorpresa, sino que seamos capaces de salir victoriosos.

Líder: *Lee Efesios 6:10-13 en voz alta.*
Pide al grupo que:
*   *Subraye **cada instrucción** dada por Pablo*
*   *Dibuje un rectángulo alrededor de la frase* ***estar firmes****:* ▭
*   *Dibuje un tridente sobre cada referencia al* ***diablo y los que están bajo su poder o asociados con él:*** *Ψ*

DISCUTE

*   ¿Qué instrucciones dio Pablo a los efesios?

*   ¿Qué podrían hacer al seguir estas instrucciones?

Efesios 6:10-13

10 Por lo demás, fortalézcanse en el Señor y en el poder de su fuerza.

11 Revístanse con toda la armadura de Dios para que puedan estar firmes contra las insidias del diablo.

12 Porque nuestra lucha no es contra sangre y carne, sino contra principados, contra potestades, contra los poderes (gobernantes) de este mundo de tinieblas, contra las fuerzas espirituales de maldad en las regiones celestes.

13 Por tanto, tomen toda la armadura de Dios, para que puedan

resistir en el día malo, y habiéndolo hecho todo, estar firmes.

• Según estos versículos, ¿el diablo está solo en su lucha contra nosotros?

• ¿Quiénes son nuestros enemigos? ¿Dónde es nuestra batalla?

ACLARACIÓN

La palabra griega aquí traducida como *lucha* nos habla de un *combate mano a mano*. Indica una pelea dura, peligrosa y una lucha de corto alcance.

• ¿Dónde están nuestros enemigos espirituales, y por qué esto los hace aún más peligrosos?

- Así que cuando estás siendo perseguido, ¿quién es tu enemigo?

- ¿Estos ataques son personales o espirituales?

- ¿Identificar a tu verdadero enemigo, cómo te ayuda cuando estás siendo perseguido?

- ¿Qué es lo que capacita a un creyente para estar firme contra el diablo?

- ¿De quién es la armadura que nos es dada, y por qué resulta vital para nuestra lucha?

Efesios 6:14-17

¹⁴ Estén, pues, firmes, ceñida su cintura con la verdad, revestidos con la coraza de la justicia,

¹⁵ y calzados los pies con la preparación para anunciar el evangelio de la paz.

¹⁶ Sobre todo, tomen el escudo de la fe con el que podrán apagar todos los dardos encendidos del maligno.

¹⁷ Tomen también el casco de la salvación, y la espada del Espíritu que es la palabra de Dios.

OBSERVA

Ya que estamos peleando contra enemigos en el mundo espiritual, necesitamos de un equipamiento especial – y Dios lo ha provisto para nosotros.

Líder: Lee Efesios 6:14-17 en voz alta.

Pide al grupo que diga en voz alta y...

- *dibuje un rectángulo alrededor de la frase **estar firmes.***
- *Marcar la frase **el maligno** con un tridente.*

DISCUTE

- ¿Qué mandato encontraste en el versículo 14?

- Para estar firmes contra el enemigo, ¿qué debe hacer el creyente?

- Discute el propósito o función de cada una de las cosas con las que debemos vestirnos.

- De manera específica, ¿el escudo de la fe qué capacita a hacer al creyente?

- ¿Cuáles son las últimas dos piezas de la armadura que se nos dice que debemos tomar?

- ¿Cómo se describe la espada del Espíritu?

- Discute estas dos últimas piezas y por qué son tan importantes en nuestros encuentros con el enemigo.

Efesios 6:18-20

¹⁸ Con toda oración y súplica oren en todo tiempo en el Espíritu, y así, velen con toda perseverancia y súplica por todos los santos.

¹⁹ Oren también por mí, para que me sea dada palabra al abrir mi boca, a fin de dar a conocer sin temor el misterio del evangelio,

²⁰ por el cual soy embajador en cadenas; que al proclamarlo hable sin temor, como debo hablar.

OBSERVA

Habiéndonos puesto la armadura de Dios, ¿qué otras tácticas de defensa nos ayudarán a estar firmes?

Líder: Lee Efesios 6:18-20 en voz alta.
Pide al grupo que...
- *Marque las palabras **oración**, **súplica** y **oren** con una **O**.*
- *Subraye **cada instrucción**.*

DISCUTE
- ¿Qué aprendiste acerca de la oración en estos versículos?

ACLARACIÓN

Oración implica en general el hablar con Dios, lo cual también incluye el pedir.

Petición es hablar con Dios con una petición específica en mente.

- ¿Qué significa orar en el Espíritu?

- ¿Qué tiene que ver la guerra con la oración en el Espíritu?

- ¿Por quién debemos orar? ¿Por qué?

- ¿Qué se mencionó en este texto que pueda pedírsele a Dios?

- Incluso Pablo pidió oración. ¿Cuáles eran sus circunstancias, según el versículo 20?

- ¿Cómo quería que los efesios oraran por él? ¿Por qué?

- Si hasta el apóstol Pablo pidió oración, ¿qué sugiere esto acerca de nuestra propia necesidad de oración al enfrentar la guerra espiritual?

• ¿Alguna vez has sentido que no podías soportar el bombardeo de tentaciones en tu caminar? ¿Te preguntas si eres lo suficientemente fuerte para sobrevivir tal ataque?

• Según lo que has visto, ¿cómo podemos como creyentes estar firmes, sin importar lo que el diablo nos arroje?

---

1 Pedro 5:8-9

[8] Sean de espíritu sobrio, estén alerta. Su adversario, el diablo, anda al acecho como león rugiente, buscando a quien devorar.

[9] Pero resístanlo firmes en la fe, sabiendo que las mismas experiencias

OBSERVA

Como creyentes debemos confiar en el Señor. Sin embargo, eso no significa que debamos tomar a la ligera la batalla espiritual que tiene lugar alrededor de nosotros. Es verdad que Dios ya ha vencido, pero también tenemos nuestras responsabilidades.

Líder: *Lee 1 Pedro 5:8-9 en voz alta. Pide al grupo que...*

• *Subraye **cada instrucción**.*
• *Marque cada referencia al **diablo**, incluyendo pronombres, con un tridente.*

DISCUTE

- ¿Qué hace el diablo? ¿Cuál es su propósito?

de sufrimiento se van cumpliendo en sus hermanos en todo el mundo.

- ¿Cómo debemos responder nosotros al diablo?

OBSERVA

¿Es posible vencer al maligno?

Líder: *Lee 1 Juan 2:13-14. Pide al grupo que diga en voz alta y...*

- *marque cada ocurrencia de la palabra **vencido** con una **V.***
- *Dibuje un tridente sobre cada referencia al **maligno.***

DISCUTE

- ¿Cuál es la conexión entre la Palabra de Dios y los que vencen al diablo?

1 Juan 2:13-14

[13] Les escribo a ustedes, padres, porque conocen a Aquél que ha sido desde el principio. Les escribo a ustedes, jóvenes, porque han vencido al maligno. Les he escrito a ustedes, niños, porque conocen al Padre.

[14] Les he escrito a ustedes, padres, porque conocen a Aquél que ha sido desde el principio. Les he escrito a ustedes,

jóvenes, porque son fuertes y la palabra de Dios permanece en ustedes y han vencido al maligno.

- ¿Cómo puedes ser fuerte? ¿Qué hábitos necesitas adoptar para asegurarte de que estás obedeciendo la Palabra de Dios?

Santiago 4:7-8

[7] Por tanto, sométanse a Dios. Resistan, pues, al diablo y huirá de ustedes.

[8] Acérquense a Dios, y El se acercará a ustedes. Limpien sus manos, pecadores; y ustedes de doble ánimo (que dudan), purifiquen sus corazones.

OBSERVA

¿Es posible caminar en completa victoria? Si es así, ¿cómo?

Líder: *Lee Santiago 4:7-8 en voz alta.*
- *Pide al grupo que subraye **cada instrucción**.*

DISCUTE
- Discute cada instrucción. ¿Cuáles serán los resultados de seguirlas?

- Discute las cosas que aseguran la victoria en la vida de un creyente y cómo puede verse esto. ¿Cómo puedes saber que estás firme?

FINALIZANDO

¡Cristo ya ha ganado la batalla! En la cruz, hace casi dos mil años, fue asegurada por completo la definitiva derrota de Satanás. Aunque es cierto que él todavía es un enemigo peligroso que quiere destruirte, su poder y autoridad son limitados. El poder de Dios, por otro lado, es por completo ilimitado e incomprensible.

Nuestra oración es que a través de este estudio hayas podido aprender las tácticas del enemigo, que hayas visto tu responsabilidad como creyente, de estar firme, y que hayas descubierto cómo contrarrestar los ataques espirituales que vienen contra el creyente. Si quieres explorar aún más este tema, te recomendamos el estudio Señor, ¿Es esto guerra espiritual? Enséñame a estar firme.

Nos unimos a la oración de Pablo para que "los ojos de su corazón les sean iluminados, para que sepan cuál es la esperanza de Su llamamiento, cuáles son las riquezas de la gloria de Su herencia en los santos, y cuál es la extraordinaria grandeza de Su poder para con nosotros los que creemos" (Efesios 1:18-19).

Permanece en la Palabra de Dios; pues es tu espada. Sólo en la Palabra encontrarás restaurada tu fuerza, rebosante tu amor y tu mente renovada. Entonces cantarás con el Rey David:

Esperé pacientemente al SEÑOR,
Y El se inclinó a mí y oyó mi clamor.
Me sacó del hoyo de la destrucción, del lodo cenagoso;
Asentó mis pies sobre una roca y afirmó mis pasos.
Puso en mi boca un cántico nuevo, un canto de alabanza a nuestro Dios.
Muchos verán esto, y temerán
Y confiarán en el SEÑOR. (Salmo 40:1-3)

Esta singular serie de estudios bíblicos del equipo de enseñanza de Ministerios Precepto Internacional, aborda temas con los que luchan las mentes investigadoras; y lo hace en breves lecciones muy fáciles de entender e ideales para reuniones de grupos pequeños. Estos cursos de estudio bíblico, de la serie 40 minutos, pueden realizarse siguiendo cualquier orden. Sin embargo, a continuación te mostramos una posible secuencia a seguir:

¿Cómo Sabes que Dios es Tu Padre?

Muchos dicen: "Soy cristiano"; pero, ¿cómo pueden saber si Dios realmente es su Padre—y si el cielo será su futuro hogar? La epístola de 1 Juan fue escrita con este propósito—que tú puedas saber si realmente tienes la vida eterna. Éste es un esclarecedor estudio que te sacará de la oscuridad y abrirá tu entendimiento hacia esta importante verdad bíblica.

Cómo Tener una Relación Genuina con Dios

A quienes tengan el deseo de conocer a Dios y relacionarse con Él de forma significativa, Ministerios Precepto abre la Biblia para mostrarles el camino a la salvación. Por medio de un profundo análisis de ciertos pasajes bíblicos cruciales, este esclarecedor estudio se enfoca en dónde nos encontramos con respecto a Dios, cómo es que el pecado evita que lo conozcamos y cómo Cristo puso un puente sobre aquel abismo que existe entre los hombres y su Señor.

Ser un Discípulo: Considerando Su Verdadero Costo

Jesús llamó a Sus seguidores a ser discípulos. Pero el discipulado viene con un costo y un compromiso incluido. Este estudio da una mirada inductiva a cómo la Biblia describe al discípulo, establece las características de un seguidor de Cristo e invita a los estudiantes a aceptar Su desafío, para luego disfrutar de las eternas bendiciones del discipulado.

¿Vives lo que Dices?

Este estudio inductivo de Efesios 4 y 5, está diseñado para ayudar a los estudiantes a que vean, por sí mismos, lo que Dios dice respecto al estilo de vida de un verdadero creyente en Cristo. Este estudio los capacitará para vivir de una manera digna de su llamamiento; con la meta final de desarrollar un andar diario con Dios, caracterizado por la madurez, la semejanza a Cristo y la paz.

Viviendo Una Vida de Verdadera Adoración

La adoración es uno de los temas del cristianismo peor entendidos; y este estudio explora lo que la Biblia dice acerca de la adoración: ¿qué es? ¿Cuándo sucede? ¿Dónde ocurre? ¿Se basa en las emociones? ¿Se limita solamente a los domingos en la iglesia? ¿Impacta la forma en que sirves al SEÑOR? Para éstas, y más preguntas, este estudio nos ofrece respuestas bíblicas novedosas.

Descubriendo lo que Nos Espera en el Futuro

Con todo lo que está ocurriendo en el mundo, las personas no pueden evitar cuestionarse respecto a lo que nos espera en el futuro. ¿Habrá paz alguna vez en la tierra? ¿Cuánto tiempo vivirá el mundo bajo la amenaza del terrorismo? ¿Hay un horizonte con un solo gobernante mundial? Esta fácil guía de estudio conduce a los lectores a través del importante libro de Daniel; libro en el que se establece el plan de Dios para el futuro.

Cómo Tomar Decisiones Que No Lamentarás

Cada día nos enfrentamos a innumerables decisiones; y algunas de ellas pueden cambiar el curso de nuestras vidas para siempre. Entonces, ¿a dónde acudes en busca de dirección? ¿Qué debemos hacer cuando nos enfrentamos a una tentación? Este breve estudio te brindará una práctica y valiosa guía, al explorar el papel que tiene la Escritura y el Espíritu Santo en nuestra toma de decisiones.

Dinero y Posesiones: La Búsqueda del Contentamiento

Nuestra actitud hacia el dinero y las posesiones reflejará la calidad de nuestra relación con Dios. Y, de acuerdo con las Escrituras, nuestra visión del dinero nos muestra dónde está descansando nuestro verdadero amor. En este estudio, los lectores escudriñarán las Escrituras para aprender de dónde proviene el dinero, cómo se supone que debemos manejarlo y cómo vivir una vida abundante, sin importar su actual situación financiera.

Cómo puede un Hombre Controlar Sus Pensamientos, Deseos y Pasiones

Este estudio capacita a los hombres con la poderosa verdad de que Dios ha provisto todo lo necesario para resistir la tentación; y lo hace, a través de ejemplos de hombres en las Escrituras, algunos de los cuales cayeron en pecado y otros que se mantuvieron firmes. Aprende cómo escoger el camino de pureza, para tener la plena confianza de que, a través del poder del Espíritu Santo y la Palabra de Dios, podrás estar algún día puro e irreprensible delante de Dios.

Viviendo Victoriosamente en Tiempos de Dificultad

Vivimos en un mundo decadente, poblado por gente sin rumbo, y no podemos escaparnos de la adversidad y el dolor. Sin embargo, y por alguna razón, los difíciles tiempos que se viven actualmente son parte del plan de Dios y sirven para Sus propósitos. Este valioso estudio ayuda a los lectores a descubrir cómo glorificar a Dios en medio del dolor; al tiempo que aprenden cómo encontrar gozo aún cuando la vida parezca injusta, y a conocer la paz que viene al confiar en el Único que puede brindar la fuerza necesaria en medio de nuestra debilidad.

Edificando un Matrimonio que en Verdad Funcione

Dios diseñó el matrimonio para que fuera una relación satisfactoria y realizadora; creando a hombres y mujeres para que ellos—juntos y como una sola carne—pudieran reflejar Su amor por el mundo. El matrimonio, cuando es vivido como Dios lo planeó, nos completa, nos trae gozo y da a nuestras vidas un fresco significado. En este estudio, los lectores examinarán el diseño de Dios para el matrimonio y aprenderán cómo establecer y mantener el tipo de matrimonio que trae gozo duradero.

El Perdón: Rompiendo el Poder del Pasado

El perdón puede ser un concepto abrumador, sobre todo para quienes llevan consigo profundas heridas provocadas por difíciles situaciones de su pasado. En este estudio innovador, obtendrás esclarecedores conceptos del perdón de Dios para contigo, aprenderás cómo responder a aquellos que te han tratado injustamente, y descubrirás cómo la decisión de perdonar rompe las cadenas del doloroso pasado y te impulsa hacia un gozoso futuro.

Elementos Básicos de la Oración Efectiva

Esta perspectiva general de la oración te guiará a una vida de oración con más fervor a medida que aprendes lo que Dios espera de tus oraciones y qué puedes esperar de Él. Un detallado examen del Padre Nuestro, y de algunos importantes principios obtenidos de ejemplos de oraciones a través de la Biblia, te desafiarán a un mayor entendimiento de la voluntad de Dios, Sus caminos y Su amor por ti mientras experimentas lo que significa verdaderamente el acercarse a Dios en oración.

Cómo se Hace un Líder al Estilo de Dios

¿Qué espera Dios de quienes Él coloca en lugares de autoridad? ¿Qué características marcan al verdadero líder efectivo? ¿Cómo puedes ser el líder que Dios te ha llamado a ser? Encontrarás las respuestas a éstas, y otras preguntas, en este poderoso estudio de cuatro importantes líderes de Israel—Elí, Samuel, Saúl y David— cuyas vidas señalan principios que necesitamos conocer como líderes en nuestros hogares, en nuestras comunidades, en nuestras iglesias y finalmente en nuestro mundo.

¿Qué Dice la Biblia Acerca del Sexo?

Nuestra cultura está saturada de sexo, pero muy pocos tienen una idea clara de lo que Dios dice acerca de este tema. En contraste a la creencia popular, Dios no se opone al sexo; únicamente, a su mal uso. Al aprender acerca de las barreras o límites que Él ha diseñado para proteger este regalo, te capacitarás para enfrentar las mentiras del mundo y aprender que Dios quiere lo mejor para ti.

Principios Clave para el Ayuno Bíblico

La disciplina espiritual del ayuno se remonta a la antigüedad. Sin embargo, el propósito y naturaleza de esta práctica a menudo es malentendida. Este vigorizante estudio explica por qué el ayuno es importante en la vida del creyente promedio, resalta principios bíblicos para el ayuno efectivo, y muestra cómo esta poderosa disciplina lleva a una conexión más profunda con Dios.

Distracciones Fatales: Conquistando Tentaciones Destructivas

¿Está el pecado amenazando tu progreso espiritual?
Cualquier tipo de pecado puede minar la efectividad del creyente, pero ciertos pecados pueden enraizarse tanto en sus vidas - incluso

sin darse cuenta - que se vuelven fatales para nuestro crecimiento espiritual. Este estudio trata con seis de los pecados "mortales" que amenazan el progreso espiritual: Orgullo, Ira, Celos, Glotonería, Pereza y Avaricia. Aprenderás cómo identificar las formas sutiles en las que estas distracciones fatales pueden invadir tu vida y estarás equipado para conquistar estas tentaciones destructivas para que puedas madurar en tu caminar con Cristo.

Volviendo Tu Corazón Hacia Dios

Descubre lo que realmente significa ser bendecido
En el Sermón del Monte, Jesús identificó actitudes que traen el favor de Dios: llorar sobre el pecado, demostrar mansedumbre, mostrar misericordia, cultivar la paz y más. Algunas de estas frases se han vuelto tan familiares que hemos perdido el sentido de su significado. En este poderoso estudio, obtendrás un fresco entendimiento de lo que significa alinear tu vida con las prioridades de Dios. Redescubrirás por qué la palabra bendecido significa caminar en la plenitud y satisfacción de Dios, sin importar tus circunstancias. A medida que miras de cerca el significado detrás de cada una de las Bienaventuranzas, verás cómo estas verdades dan forma a tus decisiones cada día – y te acercan más al corazón de Dios.

Entendiendo los Dones Espirituales

¿Qué son Dones Espirituales?
El tema de los dones espirituales podría parecer complicado: ¿Quién tiene dones espirituales – "las personas espirituales" o todo el mundo? ¿Qué son dones espirituales?
Entender los Dones Espirituales te lleva directamente a la Palabra de Dios para descubrir las respuestas del Mismo que otorga el don. A medida que profundizas en los pasajes bíblicos acerca del diseño de Dios para cada uno de nosotros, descubrirás que los dones espirituales no son complicados – pero sí cambian vidas.

Descubrirás lo que son los dones espirituales, de dónde vienen, quiénes los tienen, cómo se reciben y cómo obran dentro de la iglesia. A medida que estudias, tendrás una nueva visión de cómo puedes usar los dones dados por Dios para traer esperanza a tu hogar, tu iglesia y a un mundo herido.

Viviendo Como que le Perteneces a Dios

¿Pueden otros ver que le perteneces a Dios?
Dios nos llama a una vida de gozo, obediencia y confianza. Él nos llama a ser diferentes de quienes nos rodean. Él nos llama a ser santos.
Es este enriquecedor estudio, descubrirás que la santidad no es un estándar arbitrario dentro de la iglesia actual o un objetivo inalcanzable de perfección intachable. La santidad se trata de agradar a Dios – vivir de tal manera que sea claro que le perteneces a Él. La santidad es lo que te hace único como un creyente de Jesucristo.
Ven a explorar la belleza de vivir en santidad y ver por qué la verdadera santidad y verdadera felicidad siempre van de la mano.

Amando a Dios y a los demás

¿Qué quiere realmente Dios de ti?
Es fácil confundirse acerca de cómo agradar a Dios. Un maestro de Biblia te da una larga lista de mandatos que debes guardar. El siguiente te dice que solo la gracia importa. ¿Quién está en lo correcto?
Hace siglos, en respuesta a esta pregunta, Jesús simplificó todas las reglas y regulaciones de la Ley en dos grandes mandamientos: amar a Dios y a tu prójimo.
Amar a Dios y a los demás estudia cómo estos dos mandamientos definen el corazón de la fe Cristiana. Mientras descansas en el conocimiento de lo que Dios te ha llamado a hacer, serás desafiado a vivir estos mandamientos – y descubrir cómo obedecer los simples

mandatos de Jesús transformarán no solo tu vida sino también las vidas de los que te rodean.

Liberándose del Temor

La vida está llena de todo tipo de temores que pueden asaltar tu mente, perturbar tu alma y traer estrés incalculable. Pero no tienes que permanecer cautivo a tus temores.

En este estudio de seis semanas aprenderás cómo confrontar tus circunstancias con fortaleza y coraje mientras vives en el temor del Señor – el temor que conquista todo temor y te libera para vivir en fe.

El Poder de Conocer a Dios

Puede que sepas acerca de Dios, pero ¿realmente sabes lo que Él dice acerca de Sí mismo – y lo que Él quiere de ti?

Este estudio esclarecedor te ayudará a ganar un verdadero entendimiento del carácter de Dios y Sus caminos. Mientras descubres por ti mismo quién es Él, serás llevado hacia una relación más profunda y personal con el Dios del universo – una relación que te permitirá mostrar confiadamente Su fuerza en las circunstancias más difíciles de la vida.

ACERCA DE MINISTERIOS PRECEPTO INTERNACIONAL

Ministerios Precepto Internacional fue levantado por Dios para el solo propósito de establecer a las personas en la Palabra de Dios para producir reverencia a Él. Sirve como un brazo de la iglesia sin ser parte de una denominación. Dios ha permitido a Precepto alcanzar más allá de las líneas denominacionales sin comprometer las verdades de Su Palabra inerrante. Nosotros creemos que cada palabra de la Biblia fue inspirada y dada al hombre como todo lo que necesita para alcanzar la madurez y estar completamente equipado para toda buena obra de la vida. Este ministerio no busca imponer sus doctrinas en los demás, sino dirigir a las personas al Maestro mismo, Quien guía y lidera mediante Su Espíritu a la verdad a través de un estudio sistemático de Su Palabra. El ministerio produce una variedad de estudios bíblicos e imparte conferencias y Talleres Intensivos de entrenamiento diseñados para establecer a los asistentes en la Palabra a través del Estudio Bíblico Inductivo.

Jack Arthur y su esposa, Kay, fundaron Ministerios Precepto en 1970. Kay y el equipo de escritores del ministerio producen estudios **Precepto sobre Precepto,** Estudios **In & Out**, estudios de la **serie Señor**, estudios de la **Nueva serie de Estudio Inductivo**, estudios **40 Minutos** y **Estudio Inductivo de la Biblia Descubre por ti mismo para niños.** A partir de años de estudio diligente y experiencia enseñando, Kay y el equipo han desarrollado estos cursos inductivos únicos que son utilizados en cerca de 185 países en 70 idiomas.

MOVILIZANDO
Estamos movilizando un grupo de creyentes que "manejan bien la Palabra de Dios" y quieren utilizar sus dones espirituales y talentos para alcanzar 10 millones más de personas con el estudio bíblico inductivo.
Si compartes nuestra pasión por establecer a las personas en la Palabra de Dios, te invitamos a leer más. Visita **www.precept.org/Mobilize** para más información detallada.

RESPONDIENDO AL LLAMADO
Ahora que has estudiado y considerado en oración las escrituras, ¿hay algo nuevo que debas creer o hacer, o te movió a hacer algún cambio en tu

vida? Es una de las muchas cosas maravillosas y sobrenaturales que resultan de estar en Su Palabra – Dios nos habla.

En Ministerios Precepto Internacional, creemos que hemos escuchado a Dios hablar acerca de nuestro rol en la Gran Comisión. Él nos ha dicho en Su Palabra que hagamos discípulos enseñando a las personas cómo estudiar Su Palabra. Planeamos alcanzar 10 millones más de personas con el Estudio Bíblico Inductivo.

Si compartes nuestra pasión por establecer a las personas en la Palabra de Dios, ¡te invitamos a que te unas a nosotros! ¿Considerarías en oración aportar mensualmente al ministerio? Si ofrendas en línea en **www.precept. org/ATC**, ahorramos gastos administrativos para que tus dólares alcancen a más gente. Si aportas mensualmente como una ofrenda mensual, menos dólares van a gastos administrativos y más van al ministerio.
Por favor ora acerca de cómo el Señor te podría guiar a responder el llamado.

COMPRA CON PROPÓSITO
Cuando compras libros, estudios, audio y video, por favor cómpralos de Ministerios Precepto a través de nuestra tienda en línea (**http://store.precept.org/**) o en la oficina de Precepto en tu país. Sabemos que podrías encontrar algunos de estos materiales a menor precio en tiendas con fines de lucro, pero cuando compras a través de nosotros, las ganancias apoyan el trabajo que hacemos:

• Desarrollar más estudios bíblicos inductivos
• Traducir más estudios en otros idiomas
• Apoyar los esfuerzos en 185 países
• Alcanzar millones diariamente a través de la radio y televisión
• Entrenar pastores y líderes de estudios bíblicos alrededor del mundo
• Desarrollar estudios inductivos para niños para comenzar su viaje con Dios
• Equipar a las personas de todas las edades con las habilidades es estudio bíblico que transforma vidas

Cuando compras en Precepto, ¡ayudas a establecer a las personas en la Palabra de Dios!